まちごとインド

はじめてのデリー
North India 002 Delhi

チャロー！
デリー

City Guide Production

【白地図】北インド

INDIA
北インド

【白地図】デリー

INDIA
北インド

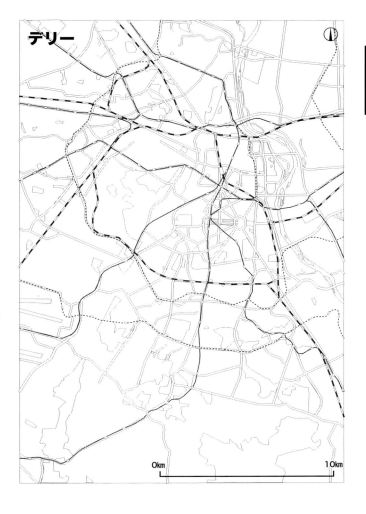

【白地図】オールドデリー

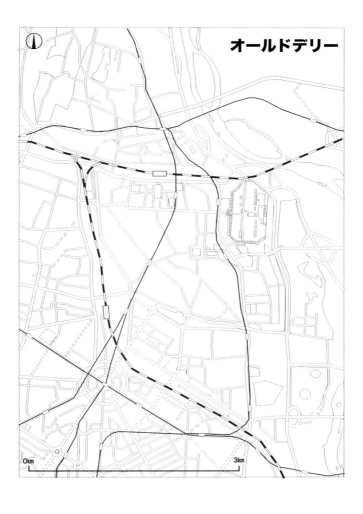

【白地図】ニューデリー

INDIA
北インド

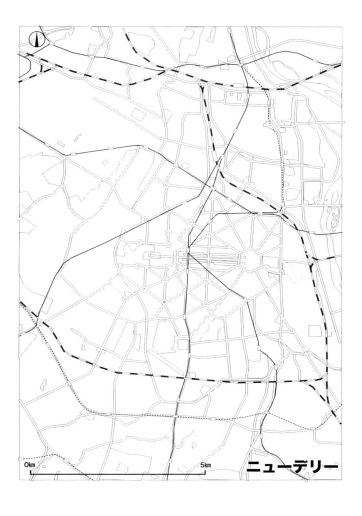

【白地図】コンノートプレイス

INDIA
北インド

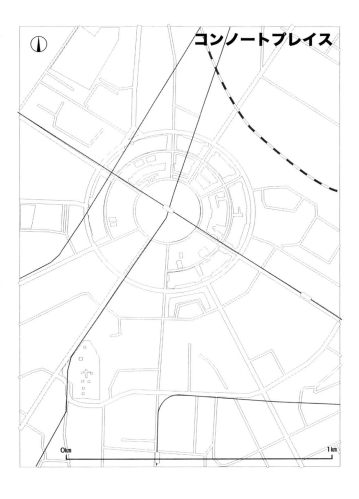

【白地図】インド門

INDIA
北インド

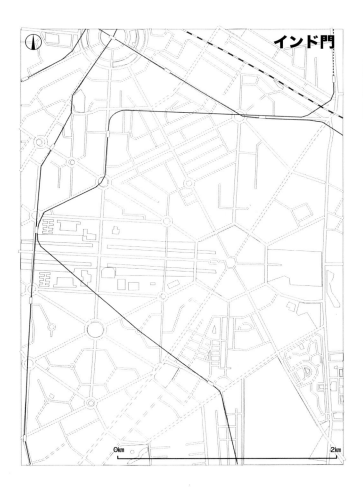

インド門

Delhi 白地図

【白地図】ジャムナ河畔

INDIA
北インド

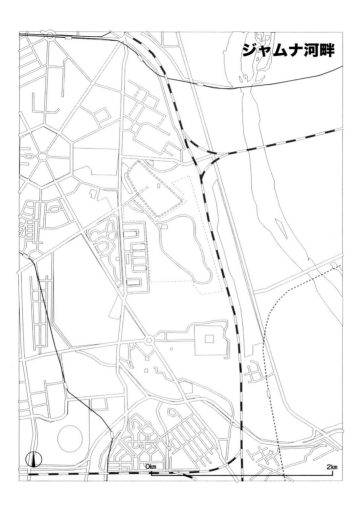

ジャムナ河畔

Delhi 白地図

【白地図】南デリー

INDIA
北インド

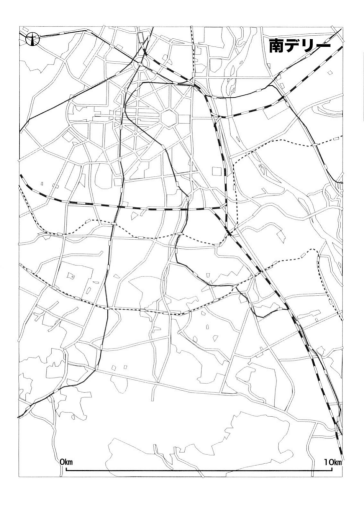

【白地図】クトゥブ地区

INDIA
北インド

クトゥブ地区

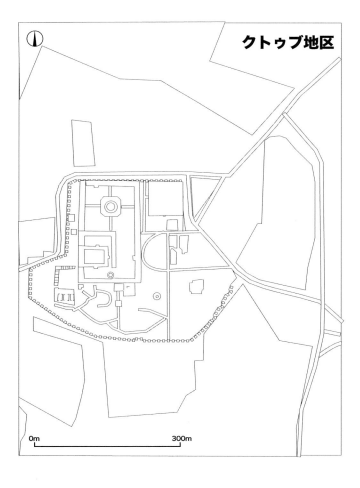

Delhi 白地図

INDIA
北インド

【まちごとインド】
北インド 001 はじめての北インド
北インド 002 はじめてのデリー
北インド 003 オールド・デリー
北インド 004 ニュー・デリー
北インド 005 南デリー
北インド 012 アーグラ
北インド 013 ファテープル・シークリー
北インド 014 バラナシ
北インド 015 サールナート
北インド 022 カージュラホ
北インド 032 アムリトサル

　北にヒマラヤをいだき、そこからインド洋に向かって突き出すようなひし形の国土をもつ大国インド。ヒマラヤとインド洋という自然の障壁に囲まれた地形にあって、歴史を通じてインドでは北西部から絶えず新たな民族が流入し、デリーはその入口となってきた。

　インド各地へ通じる地理をもつことから、「デリーを制する者はインドを制する」と言われ、「チャロー！　デリー（デリーへ行こう）」という言葉が使われてきた。多くの諸王朝がこの街に都をおき、巨大なモスクやミナレットなど中世の遺構が

はじめてのデリー
Delhi
दिल्ली

今でも残っている。

　21世紀の大国として影響力を強めるインドの首都という顔と、クトゥブ・ミナール、ラール・キラ、フマユーン廟の3つの世界遺産をもち、ムガル帝国時代からの街区を残す古都の顔。デリーはインドの過去と現在が交錯する都市となっている。

【まちごとインド】

北インド 002 はじめてのデリー

目次

はじめてのデリー ……………………………………………… xx

インドの門と首都三千年 ……………………………………… xxvi

オールドデリー城市案内 ……………………………………… xxxv

ニューデリー城市案内 ………………………………………… xlviii

南デリー城市案内 ……………………………………………… lxxi

城市のうつりかわり …………………………………………… lxxxiii

【MEMO】

【地図】北インド

INDIA
北インド

北インド

インドの門と首都三千年

INDIA
北インド

インド北西部に位置する首都デリー
この地では、いくどとなく都が造営されてきた
「インドの門」と呼ばれる宿命の地

現代インドの首都

ムンバイ、チェンナイ、コルコタとならんでインド四大都市にあげられるデリー。前者の三都市が近代まで小さな漁村に過ぎず、イギリス統治の拠点として急激な発展を見せてきたのに対し、デリーは紀元前にさかのぼる歴史を有している。12世紀以降のデリー・サルタナット朝、16世紀以降のムガル帝国の都がおかれ、1947年以後はインド共和国の首都となった。街中には宮廷、モスクなどの遺跡が多く見られ、ラール・キラ、フマユーン廟、クトゥブ・ミナールの3つの世界遺産を抱えている。現在ではグルガオンやノイダといった衛星都市もふくむ巨大なデ

【MEMO】

【地図】デリー

【地図】デリーの [★★★]
- [ ] ラール・キラ Lal Qila
- [ ] フマユーン廟 Tomb of Humayun
- [ ] クトゥブ・ミナール Qutb Minar

【地図】デリーの [★★☆]
- [ ] インド門 India Gate
- [ ] スワミ・ナラヤン・アクシャルダム Swaminarayan Akshardham
- [ ] バハイ寺院 Bahai House of Worship

【地図】デリーの [★☆☆]
- [ ] ニュー・デリー駅 New Delhi R.S.
- [ ] チャナキャープリ Chanakyapuli
- [ ] グルガオン Gurgaon

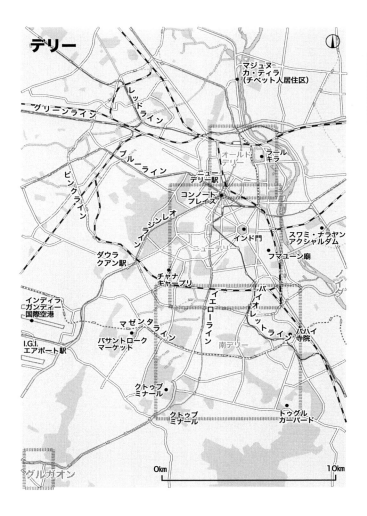

INDIA
北インド

リー首都圏を構成している。

デリー、その位置

中央アジア、ペルシャから繰り返しインドへ侵入してきた異民族が、まず拠点としたのがデリーの地で、道はガンジス河中流域、ベンガル、ラジャスタン、南インドへと続いている。またガンジス河とジャムナ河にはさまれ、肥沃な穀倉地帯を後背地にもつため、経済的に優れた地でもあった。ジャムナ河西側の岩盤地帯に場所を変えながら、いくつもの都が造営されてきた。8世紀のラージプート族の都ラールコート、デ

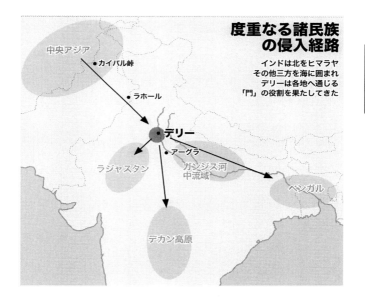

リー・サルタナット朝時代（13〜16世紀）に造営されたトゥグルカーバード、フィローザバード、ムガル帝国のプラーナ・キラ、シャー・ジャハナーバード（現在のオールド・デリー）などの都が知られる。

デリーという地名

古く『マハーバーラタ』にはデリーと目されるインドラプラスタが描かれ、その後、この地にはラージプート族やイスラム諸王朝の都が築かれてきた。デリーという名前は、イスラ

ム統治者のあいだで話されていたウルドゥー語で「門」を意味するデヘリに由来し、ヒンディー語ではディッリーと発音されることが多い（10世紀以後ヒンディー語にペルシャ語などの語彙がまじってウルドゥー語が徐々に形成された。両者は日常会話に支障はない）。

デリーの構成

デリーの街は、ジャムナ河の西岸に発展した。現在のデリーにつながる中世の街は、南デリーのクトゥブ・ミナールが立つあたりにあり、以後、繰り返し都が造営されるようになっ

▲左　世界遺産のフマユーン廟、タージ・マハルのもとになったという。
▲右　リキシャが足代わりになる、オールド・デリーにて

た。17世紀、シャー・ジャハーン帝が築いたムガルの都が現在のオールド・デリーで、ムガルに続くイギリスはその南側（中世のデリーとオールド・デリーのあいだ）にニュー・デリーを築いた。このニュー・デリーをとり囲むようにリングロードが走っているが、現在では郊外に向けて街は拡大を続け、巨大なデリー首都圏をつくっている。

Guide, Old Delhi
オールドデリー城市案内

17 世紀以来、王城がおかれていたオールド・デリー
香辛料が積みあげられたバザールやリキシャ
デリーらしさを伝える下町の姿

पुरानी दिल्ली ; オールド・デリー Old Delhi ［★★★］

ニュー・デリー駅の北東、扇状に広がるオールド・デリーは、17 世紀、インドの大部分を統一したムガル帝国の都シャージャハナーバード跡として知られる。宮廷ラール・キラ、インド最大規模をもつジャマー・マスジッドなどはいずれもムガル帝国時代に建てられたもので、チャンドニー・チョウクはその当時からの伝統をもつ。20 世紀初頭にイギリスがニュー・デリーを造営したため、この街は「古いデリー」と呼ばれるようになり、経済発展のさなかにあるデリーにあって、「旧き良きデリー」を感じられる。

INDIA
北インド

लाल किला；ラール・キラ Lal Qila ［★★★］

オールド・デリーの要に位置するラール・キラ(レッド・フォート、赤い城)。インド原産の赤砂岩をもちいて築城されたところから、この名前がつけられた。17世紀、ムガル帝国第5代シャー・ジャハーン帝(タージ・マハルの建設でも知られる)の治世に建設され、以後、19世紀までムガル帝国の宮廷がおかれていた。造営当時のデリーの繁栄は遠くヨーロッパでも知られ、ラール・キラは「地上の天国」にもたとえられていた。現在、世界遺産に登録されている。

【MEMO】

【地図】オールドデリー

【地図】オールドデリーの [★★★]
- [ ] オールド・デリー Old Delhi
- [ ] ラール・キラ Lal Qila

【地図】オールドデリーの [★★☆]
- [ ] チャンドニー・チョウク Chandni Chowk
- [ ] ジャマー・マスジッド Jamma Masjid
- [ ] ラージ・ガート Raj Ghat
- [ ] パハール・ガンジ（メイン・バザール）Pahar Ganj
- [ ] コンノート・プレイス Connaught Place

【地図】オールドデリーの [★☆☆]
- [ ] サリムガル城塞 Salimgarh Fort
- [ ] ジャムナ河 Jamuna River
- [ ] ガンジー記念館 Gandhi Memorial Museum
- [ ] ニュー・デリー駅 New Delhi R.S.

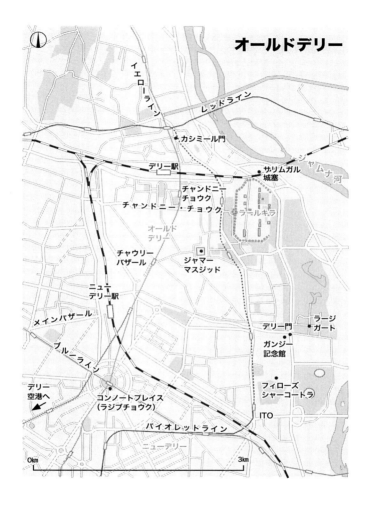

INDIA
北インド

सलीमगढ़ फोर्ट ; サリムガル城塞 Salimgarh Fort [★☆☆]

ラール・キラの北側に立つサリムガル城塞。デリー北側の守りを固めるために16世紀に建てられたもので、ムガル帝国時代には牢獄として利用されていた。ラール・キラとともに世界遺産に指定されていて、城内は博物館となっている。

चाँदनी चौक ; チャンドニー・チョウク Chandni Chowk [★★☆]

ラール・キラから西に向かってまっすぐ伸びるチャンドニー・チョウク。ここはシャー・ジャハナーバード（オールド・デ

▲左 オールド・デリーの目抜き通りチャンドニー・チョウク。 ▲右 ムガル皇帝が暮らしたラール・キラ

リー）の造営にあたって、目抜き通りとして設計された通りで、オールド・デリーの軸線となっている。周囲はいくつものバザールが走っていて、宝石や貴金属を売る店、サリーの生地などを売る店などがならぶ。

जामा मस्जिद ;
ジャマー・マスジッド Jamma Masjid ［★★☆］

オールド・デリー中央部の小高い丘に立つジャマー・マスジッド。17世紀のムガル帝国時代、王族や支配者たちの信仰するイスラム教の礼拝のために建てられた。金曜日の集団礼拝

では、2万5000人を収容できるという規模をもち、3つのドームが連なる本体はムガル建築の代表作にもあげられる。ミナレットにあがることができ、ここからオールド・デリーの街が一望できる。

南アジアの覇者ムガル帝国

ムガル帝国は中央アジアからインドに進出して1526年に樹立された。最盛期、ムガル帝国の領土は北インド、中央アジアからデカン高原にまで広がり、デリー、アーグラ、ラホール(パキスタン)などに宮廷がおかれた。インド中から富を集めた

▲左　さまざまな職業、宗教の人々がこの街に暮らす。　▲右　インド有数の規模をもつモスクのジャマー・マスジッド

ムガル帝国の豊かさは、遠くヨーロッパにまで知られ、多くのキャラバンがデリーを訪れていた（たとえば、古くダイヤモンドはインドでしか採掘されていなかった）。こうした莫大なインドの富を背景に、ラール・キラやタージ・マハルといった巨大建築が造営され、現在もその栄華を伺うことができる。

यमुना नदी ; ジャムナ河 Jamuna River ［★☆☆］

ジャムナ河の恵みで育まれてきたデリー。デリーを通ってマトゥラー、アーグラを経て、ガンジス河に合流するジャムナ河は、女神としても信仰され、ガンジス河の次に聖性が高い

INDIA
北インド

河だと考えられている。かつてはラール・キラのすぐ東側を流れていたという。

राज घाट；ラージ・ガート Raj Ghat ［★★☆］
ラージ・ガートは「インド独立の父」ガンジーが荼毘にふされた場所。ガンジーは非暴力、不服従を掲げて、1947年にイギリス支配からの独立をなしとげたが、その翌年、過激派によって暗殺された。ここラージ・ガートは公園となっていて、なかには黒大理石のモニュメントがおかれている。

▲左　菜食、禁欲的な生活を送ったガンジー。　▲右　ラージ・ガートはガンジーが荼毘にふされた場所

गांधी म्यूज़ियम；
ガンジー記念館 Gandhi Memorial Museum ［★☆☆］

ラージ・ガートのはす向かいに立つガンジー記念館。イギリスに留学して弁護士となり、南アフリカ時代を経て、インドに帰国し、独立運動に身を投じたガンジーの生涯が展示されている。ガンジーゆかりの品々が見られ、暗殺に使われた拳銃もある。

「チャロー！デリー」インド大反乱

近代、イギリスの植民地となり、高い税などで富を搾取され

INDIA
北インド

ていたインドの人々の不満は高まっていた。1857年、その怒りがデリー北のメーラトのセポイ（傭兵）のあいだで爆発し、イギリスへの反乱ののろしがあがった。セポイたちが目指したのは、皇帝とは名ばかりで年金生活を送る地主になりさがっていたムガル皇帝バハドゥル・シャー2世のいるラール・キラ。「チャロー！ デリー」のかけ声とともに進軍したセポイの反乱は2年間で鎮圧され、ムガル帝国は完全についえることになった。けれどもこの反乱はインド独立へつながる民衆反乱として、現在では高く位置づけられている。

Guide, New Delhi
ニューデリー城市案内

INDIA
北インド

20世紀に入ってから計画された都市ニュー・デリー
緑地、公園、街路樹をふんだんに配し
ゆったりとした街並みが広がっている

नई दिल्ली ; ニュー・デリー New Delhi ［★★★］

1947年のインド独立以来、首都がおかれ、インドの政治、外交、経済、文化の中心地となっているニュー・デリー。もともとイギリス植民地下につくられた計画都市で、1930年からムガル王城のあった場所に代わって都市機能をもつようになった（コルカタから遷都され、「新しいデリー」と名づけられた）。大統領官邸から東のインド門へとまっすぐ伸びるラージ・パトゥ（王の道）。それと直交するジャン・パトゥ（民の道）。円形ロータリー、コンノート・プレイスから放射状に広がる道と、直線の街路が交わり、緑地が配された美しい街並みが続いている。

▲左 イギリス統治時代の面影を残すコンノート・プレイス。　▲右 世界中から旅人が集まるパハール・ガンジ

नई दिल्ली रेलवे स्टेशन ;
ニュー・デリー駅 New Delhi R.S. ［★☆☆］

インド各地への玄関口にあたるニュー・デリー駅。オールド・デリーとニュー・デリーをわけるように線路が走っている。ムンバイ、アーグラ、バラナシなどインド各地への足がかりとなる場所で、構内は早朝から人であふれ、客引きをはじめとする人々が押し寄せてくる。

【地図】ニューデリー

【地図】ニューデリーの［★★★］
- [ ] ニュー・デリー New Delhi
- [ ] フマユーン廟 Tomb of Humayun
- [ ] ラール・キラ Lal Qila

【地図】ニューデリーの［★★☆］
- [ ] コンノート・プレイス Connaught Place
- [ ] インド門 India Gate
- [ ] ガンジー記念博物館 Gandhi Smriti Museum
- [ ] パハール・ガンジ（メイン・バザール）Pahar Ganj
- [ ] チャンドニー・チョウク Chandni Chowk
- [ ] ジャマー・マスジッド Jamma Masjid

【地図】ニューデリーの［★☆☆］
- [ ] カーン・マーケット Khan Market
- [ ] チャナキャープリ Chanakyapuli
- [ ] ニュー・デリー駅 New Delhi R.S.
- [ ] ジャムナ河 Jamuna River

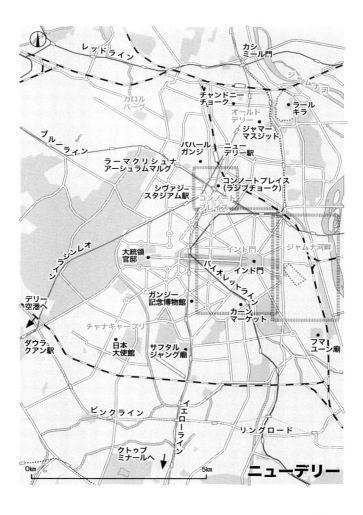

【地図】コンノートプレイス

【地図】コンノートプレイスの [★★☆]
- [ ] コンノート・プレイス Connaught Place

【地図】コンノートプレイスの [★☆☆]
- [ ] ジャンタル・マンタル（天文観測所）Jantar Mantar

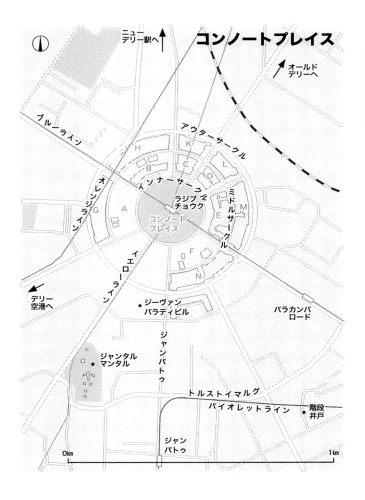

INDIA
北インド

पहाड़गंज ;
パハール・ガンジ（メイン・バザール）Pahar Ganj ［★★☆］

ニュー・デリー駅の西側に位置するパハール・ガンジ（「山の市場」を意味する）。その目抜き通りがメイン・バザールで、旅行代理店、安宿、レストランなどがならび、世界中から観光客が訪れている。

कनॉट प्लेस ;
コンノート・プレイス Connaught Place ［★★☆］

ニュー・デリーの起点となる円形ロータリー、コンノート・プ

▲左　ニュー・デリーの中心部に立つインド門。　▲右　水分補給はかかせない

レイス。中央は公園となっていてくつろぐ人々が見られるほか、周囲には2階建ての商店がならぶ。ここから街路が放射状に伸びている。

जंतर मंतर；
ジャンタル・マンタル（天文観測所）Jantar Mantar [★☆☆]

ジャンタル・マンタルはムガル帝国時代の1724年に建設された天文観測所。天文学や文学など幅広い学問に通じたジャイプル（ラジャスタン）のマハラジャ、ジャイ・シン2世によるもの。時刻を知らせる日時計、三角形や円筒形をくみあわせた天文機

INDIA
北インド

器が見られる。ほかにもマハラジャはジャイプル、ウッジャイン、マトゥラー、バラナシなどにもジャンタル・マンタルを建設している。

इण्डिया गेट；インド門 India Gate ［★★☆］
大統領官邸と向きあうように立つ高さ42mのインド門。アーチ型のたたずまいはデリーを象徴する建造物となっている。もともとは第一次世界大戦で戦死した10万人近いインド兵を追悼するために建てられた（当時、インドはイギリスの植民地だったため、イギリス軍として戦った）。

【MEMO】

【地図】インド門

【地図】インド門の [★★★]
- [ ] オールド・デリー Old Delhi

【地図】インド門の [★★☆]
- [ ] インド門 India Gate
- [ ] 国立博物館 National Museum
- [ ] ガンジー記念博物館 Gandhi Smriti Museum
- [ ] コンノート・プレイス Connaught Place

【地図】インド門の [★☆☆]
- [ ] カーン・マーケット Khan Market
- [ ] プラーナ・キラ Purana Qila

INDIA
北インド

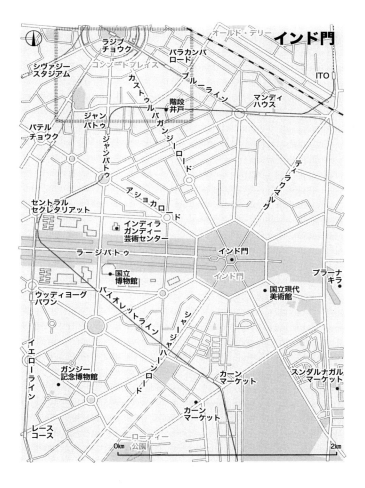

INDIA
北インド

राष्ट्रीय संग्रहालय ; 国立博物館 National Museum [★★☆]

紀元前のインダス文明にさかのぼるインド美術品をおさめた国立博物館。現在インドの国旗にも描かれているアショカ王の柱頭の獅子彫刻、仏教芸術の至宝バールフットの欄楯、ガンダーラやマトゥラー美術を花開かせたクシャン朝時代の仏像、グプタ朝時代の柔和なヒンドゥー彫刻などがみどころとなっている。

गांधी स्मृति ;
ガンジー記念博物館 Gandhi Smriti Museum [★★☆]

「インド独立の父」ガンジーが1948年に暗殺された場所に立つ

▲左　最後の日、ガンジーはこの道を歩んだ。　▲右　インド美術の至宝をおさめる国立博物館

ガンジー記念博物館。バプー（父）と愛称で呼ばれたガンジーに関する展示が見られる。暗殺されたその日、礼拝へ向かおうとしたガンジー最後の足あとが刻まれている（ガンジーは狂信的なヒンドゥー教徒に暗殺された）。

ガンジーの独立運動

非暴力、不服従でインドを独立に導いたガンジーは、西インドのグジャラート州で生まれた。イギリス植民地下で工業化されたイギリスの商品を買うのではなく「服をつくるため、自ら糸をつむぐ」、イギリスが専売とした塩を「海岸まで行進して自

ら塩をつくる（塩の行進）」といった人々の生活に根づいた衣食などを通じて独立運動を展開した。洋服を着ず、腰巻き姿のガンジー像は広く知られ、現在ではインドの紙幣にガンジーの肖像が使われている。

खान मार्किट ; カーン・マーケット Khan Market [★☆☆]

デリーでも比較的豊かな人々が集まるカーン・マーケット。雑貨や衣料のショップ、カフェやバーなどがならぶ。

Delhi ニューデリー城市案内

पुराना किला ; プラーナ・キラ Purana Qila ［★☆☆］

「古い城砦」を意味するプラーナ・キラ。ラール・キラが造営される以前、ムガル帝国第2代フマユーン帝と、ムガル帝国と覇権を争ったスール朝のシェール・シャーの時代の城砦。フマユーン帝が薬物使用中に階段から滑り落ちて生命を落としたシェール・マンディル、スール朝時代のキラーイ・クナ・モスクなど16世紀に建てられた建物が残る。またここプラーナ・キラは古代叙事詩『マハーバーラタ』に描かれた「古（いにしえ）の都」インドラプラスタがおかれた場所だと言われ、デリーの悠久の歴史を物語る遺構となっている。

हुमायूँ का मकबरा ;
フマユーン廟 Tomb of Humayun ［★★★］

ムガル帝国第2代フマユーン帝の墓廟。16世紀にムガル帝国を樹立したバーブル帝を継いで即位したフマユーン帝は、帝国の支配基盤が固まっていなかったことから、政治や外交の面では大きな成果をあげられなかった。けれどもこの墓廟は、ムガル建築の傑作のひとつにあげられ、バランスのとれたドームと本体、線対称の美、白大理石と赤砂岩を使って装飾された壁面をもつ。タージ・マハルのモデルになったと言われ、世界遺産に登録されている。

▲左　オールド・デリーよりも古い都プラーナ・キラ。　▲右　美しいたたずまいを見せるフマユーン廟

निज़ामुद्दीन दरगाह；
ニザームッディーン廟 Nizam-ud-din's Shrine［★★☆］

13世紀にイスラム王朝がはじめて北インドに樹立された時代、イスラム教の布教につとめたニザームッディーン・アウリヤー。このイスラム聖者が道場を開いたのがこの場所で、貧しい人にほどこしをする姿などからイスラム教徒だけでなく、ヒンドゥー教徒にも広く尊敬された。現在、インドの外からも巡礼者を集めている。

【地図】ジャムナ河畔

【地図】ジャムナ河畔の [★★★]
- [ ] フマユーン廟 Tomb of Humayun

【地図】ジャムナ河畔の [★★☆]
- [ ] インド門 India Gate
- [ ] ニザームッディーン廟 Nizam-ud-din's Shrine

【地図】ジャムナ河畔の [★☆☆]
- [ ] プラーナ・キラ Purana Qila
- [ ] カーン・マーケット Khan Market

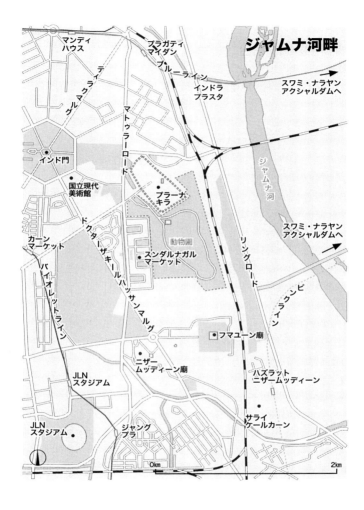

INDIA
北インド

अक्षरधाम मंदिर ; スワミ・ナラヤン・アクシャルダム
Swaminarayan Akshardham [★★☆]

ジャムナ河の東岸に位置するスワミ・ナラヤン・アクシャルダム。2005年に建設された世界最大のヒンドゥー寺院として知られ、ボートに乗ってインドの歴史と文化を学んだり、映画やミュージカルも上映される。多くのインド人が訪れている。

▲左　デリー街角の屋台にて。　▲右　イスラム聖者をまつるニザームッディーン廟

चाणक्यपुरी；チャナキャープリ Chanakyapuli ［★☆☆］

大統領官邸の南西に位置する区画チャナキャープリ。静かな街並みが広がっていて、各国の大使館が集中している（日本大使館もある）。チャーナキャとは「インドのマキャベリ」の異名をもつ古代インドの宰相名からとられている。

Guide,
South Delhi
南デリー
城市案内

オールド・デリー以前の都があった南デリー
近年、高級住宅街が整備され
衛星都市グルガオンの発展もめざましい

七度の都

古来、いくもの民族の都がおかれてきたデリー。古くは紀元前10世紀ごろ、インドにヴェーダの宗教（バラモン教）をもたらしたアーリア人のインドラプラスタ（プラーナ・キラに比定される）にはじまって、8〜12世紀にはこの地を支配したラージプート族の都ラールコートがおかれた。中世以降はイスラム勢力の支配拠点となり、トゥグルカーバード、フィローザバードなどの都が造営され、オールド・デリーはムガル帝国の都シャー・ジャハナーバード跡として知られる。このような歴史からデリーは、「七度の都」と呼ばれ、中世

【地図】南デリー

【地図】南デリーの [★★★]
- ☐ クトゥブ・ミナール Qutb Minar
- ☐ フマユーン廟 Tomb of Humayun
- ☐ ニュー・デリー New Delhi
- ☐ オールド・デリー Old Delhi

【地図】南デリーの [★★☆]
- ☐ バハイ寺院 Bahai House of Worship
- ☐ スワミ・ナラヤン・アクシャルダム Swaminarayan Akshardham
- ☐ インド門 India Gate
- ☐ コンノート・プレイス Connaught Place
- ☐ パハール・ガンジ（メイン・バザール） Pahar Ganj

【地図】南デリーの [★☆☆]
- ☐ カーン・マーケット Khan Market
- ☐ チャナキャープリ Chanakyapuli
- ☐ ジャムナ河 Jamuna River

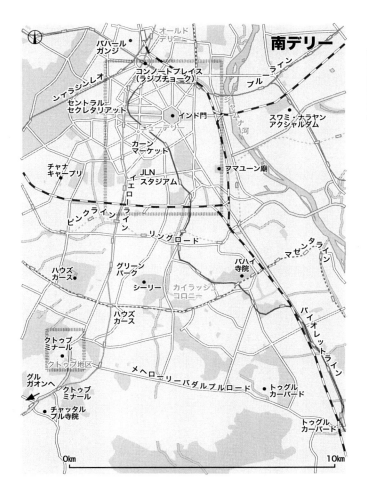

【地図】クトゥブ地区の [★★★]
□ クトゥブ・ミナール Qutb Minar

INDIA
北インド

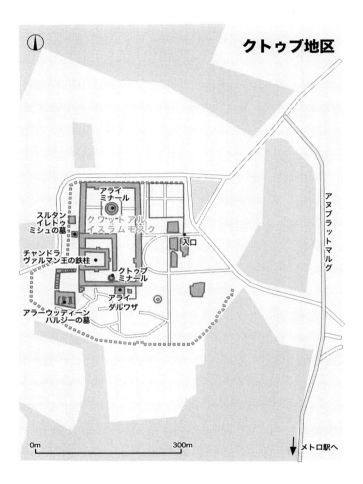

INDIA
北インド

以来の史跡がいくつも残っている。

कुतुब मीनार；クトゥブ・ミナール Qutb Minar [★★★]

1192年にヒンドゥー勢力を破ってインドを征服したイスラム勢力によって建てられた高さ73mのクトゥブ・ミナール。軍を率いたクトゥブッディーン・アイバクは宮廷奴隷出身で、この地で奴隷王朝を樹立した（13〜16世紀はデリー・サルタナット朝の時代）。近くには「イスラムの力」を意味するクワット・アル・イスラム・モスクやクトゥブ・ミナールよりも高い150mのミナレットの基壇アライ・ミナール（未完

▲左　高さ73mの戦勝記念塔クトゥブ・ミナール。　▲右　デリーでは中世以来いくども都が築かれてきた

成)、純度が100%に近いため酸化しないグプタ朝時代（4世紀）の鉄柱、奴隷王朝の名君第3代スルタン・イレトゥミシュの墓などが残る。これらの建設にあたってとり壊されたヒンドゥー寺院の石材がもちいられたと言われ、クトゥブ・ミナールは支配者の交代を誇示する戦勝記念塔だった。

征服された街

インドは10世紀以後、イスラム勢力の侵攻を本格的に受ける、デリー南のクトゥブ・ミナールはイスラム勢力が「インドの征服」を記念して建てた戦勝塔となっている。以後、イ

INDIA
北インド

スラム王朝デリー・サルタナット朝（1206 〜 1526 年までデリーを都においた 5 つの王朝）が 300 年以上この街を中心に北インドを支配した。その後、ムガル帝国でも都となったことから、デリーの中近世はイスラム統治者とともにあったと言える。クトゥブ・ミナール、ラール・キラ、フマユーン廟は、いずれもイスラム教の遺跡となっている。

लोटस टेंपल；バハイ寺院 Bahai House of Worship［★★☆］

白い蓮のかたちをした巨大なバハイ寺院。世界の統合、宗教と科学の調和などを教義とするバハイ教は、インドでは 200

▲左　蓮のかたちをしたバハイ寺院。　▲右　急速な人口増加を見せるインドの子ども

万人以上の信者を抱える。19世紀のイランで生まれ、現在、世界200カ国に広がっている。

成長を続けるデリー

20世紀末からインドの経済成長を受けて、デリーでも旺盛な消費意欲をもった中流層が台頭するようになった。高い専門能力をもった人々は、インドの大手財閥や外資系企業で働き、デリー郊外の高層マンションで暮すといった姿が見られる。デリー南部にはいくつもの高級住宅街が生まれ、それにともなって大型ショッピング・モールも開店するようになった。

गुड़गाँव；グルガオン Gurgaon ［★☆☆］

デリーから南東32kmに位置する衛星都市グルガオン（ハリヤナ州）。20世紀末までは荒野が広がる農村地帯だったが、巨大ショッピング・モールがならび、外資系企業や大手企業のオフィスが集中するビジネス都市へと急速に発展をとげた。地下鉄や国道でデリー市街と結ばれ、デリー首都圏を構成している。

デリーに築かれた7つの都

1, 奴隷王朝
（1206〜1290年）

2, ハルジー朝
（1290〜1320年）

3,4,5, トゥグルク朝
（1320〜1413年）

サイイド朝
（1414〜1451年）

ローディー朝
（1451〜1526年）

6, スール朝
（1540〜55年）

7, ムガル帝国
（1526〜1858年）

第7の都
シャージャハナーバード
（ムガル帝国）

ラール・キラ

第5の都
フィローザバード
（トゥグルク朝）

第6の都
プラーナ・キラ
（ムガル帝国、スール朝）

プラーナ・キラ

第2の都
シーリー
（ハルジー朝）

バハーイ
ハウス

第4の都
ジャハーン・パナー
（トゥグルク朝）

第3の都
トゥグラカーバード
（トゥグルク朝）

第1の都
ラール・コート
（ラージプート、奴隷王朝）

クトゥブ
ミナール

ギヤース
アッディーン廟

Delhi 南デリー城市案内

城市の
うつり
かわり

神話時代にまでさかのぼるというデリーの歴史
イスラム征服王朝、大英帝国といった統治者をへて
現在、インド共和国の首都がおかれている

神話時代（紀元前10世紀ごろ）

『マハーバーラタ』に描かれたバーラタ族の行末を決める一大決戦は、紀元前10世紀ごろデリー北方のクルで行なわれたとされる。この戦いに勝利したパーンドゥ族の都インドラプラスタがプラーナキラ（ニュー・デリー）にあり、のちのインドへ続いていったという。

古代インド時代（紀元前5〜後5世紀）

紀元前10世紀ごろからインドに侵入していたアーリア人は、インド北西部からガンジス平原へ進出し、原住民との混血が

INDIA
北インド

進んでいた。紀元前5世紀ごろ、先進地だったガンジス河中流域にくらべて、デリーは北西の辺境地に過ぎず、このあいだにサカ族、クシャン族、フン族などの異民族が北西からデリー、インドへと侵入を繰り返していた。

ラージプートの時代（8〜12世紀）

8世紀ごろからクシャトリヤの末裔を自認するラージプート族が台頭し、北インドはラージプート諸国家が割拠する時代を迎えた（その多数は、サカ族やフン族などとともにインドに侵入した異民族を出自とするという）。8世紀ごろ、トマー

▲左 クトゥブ・ミナール、このあたりからデリーの歴史ははじまった。
▲右 ヒンドゥー教の神々を描いた彫刻、国立博物館にて

ラ・ラージプート族がデリー南部に拠点をおき、そのころの遺構スーラジクンド、ラールコートは今でも見られる。ラージプート諸族は11世紀以降、イスラム勢力の前に敗れていくが、中央アジアから見て「インドの門」にあたるデリーがこの時代にインド史の舞台に登場するようになった。

デリー・サルタナット朝時代（12〜16世紀）

イスラム勢力がインドに侵入するなか、1192年、ヒンドゥー王朝を破った将軍クトゥブッディーン・アイバクはデリーで政権を樹立し、イスラム統治者による奴隷王朝がはじまっ

INDIA
北インド

た。奴隷王朝からはじまって、ハルジー朝、トゥグルク朝、サイイド朝、ローディー朝とデリーを都に北インドを300年間支配したこれらの王朝はデリー・サルタナット朝と総称され、支配者はローディー朝をのぞいてトルコ系の人々だった（ローディー朝はアフガン系）。

ムガル帝国時代（16〜17世紀）

1526年、パニーパットの合戦でローディー朝を破ったバーブル帝はデリーからアーグラに入城してムガル帝国を樹立した。第3代アクバル帝の時代にその支配基盤は固まり、アー

▲左　ムガル第5代シャー・ジャハーン帝によって築かれたラール・キラ。
　▲右　オールド・デリーは17世紀以来の伝統をもつ

グラやラホールに宮廷がおかれていたが、第5代シャー・ジャハーン帝がシャー・ジャハナーバード（オールド・デリー）を造営して遷都したことで、以後、デリーはムガル王族の暮らす街となった。この時代のデリーでは、ヒンドゥー教とイスラム教が融合し、華やかなインド・イスラム文化が育まれた（世界遺産に登録されているラール・キラやフマユーン廟が造営された）。

ムガル帝国没落時代（18～19世紀）

第6代アウラングゼーブ帝以後、各地方の勢力が台頭し、ム

INDIA
北インド

ガル帝国はデリー近郊に勢力を維持するだけになっていた。1739年、隣国ペルシャのナーディル・シャーがデリーに進軍し、「孔雀の玉座」などの至宝が略奪され、またインド西部のマラータが勢力を伸ばし、1752年、デリーに入城してムガル皇帝の保護者となった（デリーは荒廃し、ムガル宮廷文化はラクナウやハイデラバードへ移った）。ベンガルからインド中部に進出したイギリスは、第二次マラータ戦争でマラータ勢力に勝利して1803年にデリーを占領し、ラール・キラ北西に駐屯地がおかれた。

▲左　ヒンドゥー教、ジャイナ教、イスラム教、シク教といった宗教が共存する。　▲右　さまざまな調味料で味つけされたカレー

イギリス統治時代（19〜20世紀）

1757年のプラッシーの戦い以後、勢力を伸ばしていたイギリスは、インド各地の徴税権をおさえ、綿や麦などインドの富を搾取し続けていた。このようなイギリス支配への不満から1857年に大反乱が起こり、インド全域を巻き込んで反イギリス闘争が行なわれたが、やがて鎮圧された。この大反乱の後、ムガル帝国は名実ともに滅亡し、1877年、ヴィクトリア女王を君主とするインド帝国（大英帝国を構成する）が建国された。20世紀初頭、イギリスの首都はコルカタからデリーへ遷され、イギリス風の都市ニュー・デリーが姿を現した。

INDIA
北インド

インド共和国時代（1947年～）

イギリス統治に対し、19世紀末以降、民族自決の独立運動が盛りあがりを見せるようになり、ガンジーやネルーの国民会議派がその中心となっていた。ふたつの世界大戦を通じてイギリスは「名誉ある撤退」を決定、1947年8月15日、インド共和国が成立してその首都がデリーにおかれた。インドが独立する前日、「イスラム教徒のインド」を自認する東西パキスタンが独立したために、イギリス領インドは分離独立することになった（インド・イスラムの伝統をもつデリーのイスラム教徒の多くがパキスタンへ移住した）。以後、デリー

Delhi 城市のうつりかわり

は南アジアの大国インドの首都として拡大を続け、現在ではニュー・デリーを中心にグルガオンやノイダといった衛星都市も包括するデリー首都圏を形成している。

【MEMO】

INDIA
北インド

【MEMO】

参考文献

『多重都市デリー』(荒松雄 / 中央公論社)

『インド』(辛島昇 / 新潮社)

『北インド』(辛島昇・坂田貞二 / 山川出版社)

『インド建築案内』(神谷武夫 /TOTO 出版)

『NHK アジア古都物語 ベナレス』(NHK 取材班 /NHK 出版)

『都市の顔・インドの旅』(坂田貞二 / 春秋社)

『世界大百科事典』(平凡社)

[PDF] デリー地下鉄路線図

http://machigotopub.com/pdf/delhimetro.pdf

[PDF] デリー空港案内

http://machigotopub.com/pdf/delhiairport.pdf

[PDF] ジャイプル地下鉄路線図

http://machigotopub.com/pdf/jaipurmetro.pdf

まちごとパブリッシングの旅行ガイド
Machigoto INDIA , Machigoto ASIA , Machigoto CHINA

【北インド - まちごとインド】

001 はじめての北インド
002 はじめてのデリー
003 オールド・デリー
004 ニュー・デリー
005 南デリー
012 アーグラ
013 ファテープル・シークリー
014 バラナシ
015 サールナート
022 カージュラホ
032 アムリトサル

【西インド - まちごとインド】

001 はじめてのラジャスタン
002 ジャイプル
003 ジョードプル
004 ジャイサルメール
005 ウダイプル
006 アジメール（プシュカル）
007 ビカネール
008 シェカワティ
011 はじめてのマハラシュトラ
012 ムンバイ
013 プネー
014 アウランガバード
015 エローラ
016 アジャンタ
021 はじめてのグジャラート
022 アーメダバード
023 ヴァドダラー（チャンパネール）
024 ブジ（カッチ地方）

【東インド - まちごとインド】

002 コルカタ
012 ブッダガヤ

【南インド - まちごとインド】

001 はじめてのタミルナードゥ
002 チェンナイ
003 カーンチプラム
004 マハーバリプラム
005 タンジャヴール
006 クンバコナムとカーヴェリー・デルタ
007 ティルチラパッリ
008 マドゥライ
009 ラーメシュワラム
010 カニャークマリ
021 はじめてのケーララ
022 ティルヴァナンタプラム
023 バックウォーター（コッラム〜アラップーザ）
024 コーチ（コーチン）
025 トリシュール

【ネパール - まちごとアジア】

001 はじめてのカトマンズ
002 カトマンズ
003 スワヤンブナート

004 パタン
005 バクタプル
006 ポカラ
007 ルンビニ
008 チトワン国立公園

【バングラデシュ - まちごとアジア】

001 はじめてのバングラデシュ
002 ダッカ
003 バゲルハット（クルナ）
004 シュンドルボン
005 プティア
006 モハスタン（ボグラ）
007 パハルプール

【パキスタン - まちごとアジア】

002 フンザ
003 ギルギット（KKH）
004 ラホール
005 ハラッパ
006 ムルタン

【イラン - まちごとアジア】

001 はじめてのイラン
002 テヘラン
003 イスファハン
004 シーラーズ
005 ペルセポリス
006 パサルガダエ（ナグシェ・ロスタム）
007 ヤズド
008 チョガ・ザンビル（アフヴァーズ）
009 タブリーズ

010 アルダビール

【北京 - まちごとチャイナ】

001 はじめての北京
002 故宮（天安門広場）
003 胡同と旧皇城
004 天壇と旧崇文区
005 瑠璃廠と旧宣武区
006 王府井と市街東部
007 北京動物園と市街西部
008 頤和園と西山
009 盧溝橋と周口店
010 万里の長城と明十三陵

【天津 - まちごとチャイナ】

001 はじめての天津
002 天津市街
003 浜海新区と市街南部
004 薊県と清東陵

【上海 - まちごとチャイナ】

001 はじめての上海
002 浦東新区
003 外灘と南京東路
004 淮海路と市街西部
005 虹口と市街北部
006 上海郊外（龍華・七宝・松江・嘉定）
007 水郷地帯（朱家角・周荘・同里・甪直）

【河北省 - まちごとチャイナ】

001 はじめての河北省
002 石家荘
003 秦皇島
004 承徳
005 張家口
006 保定
007 邯鄲

【江蘇省 - まちごとチャイナ】

001 はじめての江蘇省
002 はじめての蘇州
003 蘇州旧城
004 蘇州郊外と開発区
005 無錫
006 揚州
007 鎮江
008 はじめての南京
009 南京旧城
010 南京紫金山と下関
011 雨花台と南京郊外・開発区
012 徐州

【浙江省 - まちごとチャイナ】

001 はじめての浙江省
002 はじめての杭州
003 西湖と山林杭州
004 杭州旧城と開発区
005 紹興
006 はじめての寧波
007 寧波旧城
008 寧波郊外と開発区
009 普陀山
010 天台山
011 温州

【福建省 - まちごとチャイナ】

001 はじめての福建省
002 はじめての福州
003 福州旧城
004 福州郊外と開発区
005 武夷山
006 泉州
007 廈門
008 客家土楼

【広東省 - まちごとチャイナ】

001 はじめての広東省
002 はじめての広州
003 広州古城
004 天河と広州郊外
005 深圳(深セン)
006 東莞
007 開平(江門)
008 韶関
009 はじめての潮汕
010 潮州
011 汕頭

【遼寧省 - まちごとチャイナ】

001 はじめての遼寧省
002 はじめての大連
003 大連市街
004 旅順
005 金州新区

006 はじめての瀋陽
007 瀋陽故宮と旧市街
008 瀋陽駅と市街地
009 北陵と瀋陽郊外
010 撫順

【重慶 - まちごとチャイナ】

001 はじめての重慶
002 重慶市街
003 三峡下り（重慶〜宜昌）
004 大足

【香港 - まちごとチャイナ】

001 はじめての香港
002 中環と香港島北岸
003 上環と香港島南岸
004 尖沙咀と九龍市街
005 九龍城と九龍郊外
006 新界
007 ランタオ島と島嶼部

【マカオ - まちごとチャイナ】

001 はじめてのマカオ
002 セナド広場とマカオ中心部
003 媽閣廟とマカオ半島南部
004 東望洋山とマカオ半島北部
005 新口岸とタイパ・コロアン

【Juo-Mujin（電子書籍のみ）】

Juo-Mujin 香港縦横無尽
Juo-Mujin 北京縦横無尽
Juo-Mujin 上海縦横無尽

【自力旅游中国 Tabisuru CHINA】

001 バスに揺られて「自力で長城」
002 バスに揺られて「自力で石家荘」
003 バスに揺られて「自力で承徳」
004 船に揺られて「自力で普陀山」
005 バスに揺られて「自力で天台山」
006 バスに揺られて「自力で秦皇島」
007 バスに揺られて「自力で張家口」
008 バスに揺られて「自力で邯鄲」
009 バスに揺られて「自力で保定」
010 バスに揺られて「自力で清東陵」
011 バスに揺られて「自力で潮州」
012 バスに揺られて「自力で汕頭」
013 バスに揺られて「自力で温州」

【車輪はつばさ】
南インドのアイラヴァテシュワラ寺院には建築本体に車輪がついていて寺院に乗った神さまが人びとの想いを運ぶと言います。

・本書はオンデマンド印刷で作成されています。
・本書の内容に関するご意見、お問い合わせは、発行元の
　まちごとパブリッシング info@machigotopub.com までお願いします。

まちごとインド
北インド002はじめてのデリー
〜チャロー！ デリー［モノクロノートブック版］

2017年11月14日　発行

著　者	「アジア城市（まち）案内」制作委員会
発行者	赤松　耕次
発行所	まちごとパブリッシング株式会社 〒181-0013　東京都三鷹市下連雀4-4-36 URL http://www.machigotopub.com/
発売元	株式会社デジタルパブリッシングサービス 〒162-0812　東京都新宿区西五軒町11-13 清水ビル3F
印刷・製本	株式会社デジタルパブリッシングサービス URL http://www.d-pub.co.jp/

MP002

ISBN978-4-86143-136-4 C0326　　　Printed in Japan
本書の無断複製複写（コピー）は、著作権法上での例外を除き、禁じられています。